JN409457

비 오는 날의 초상

비 오는 날의 초상

신남춘 제2시집

신아출판사

시인의 말

시계는 한 순간 멈출 수 있어도
세월은 한 순간도 멈추지 않고 지나쳐 갑니다
오늘 지나면 또 오늘이 오고 그렇게 살아가는
삶이란 마냥 똑 같은 날은 아니었습니다
오늘은 슬펐지만 내일은 기쁨이 오고,
오늘은 울었지만 내일은 웃음이 오고,
오늘은 허무했지만 내일은 희망이 오고,
오늘은 분노했지만 내일은 사랑이 오는
그런 날을 기다리며 사는 게 인생입니다
오늘 하루도 왠지 바쁘게 지나가고 있습니다
모자람이 있지만 수년의 고통 끝에
조심스럽게 두 번째 시집을 올립니다
아름다운 꽃향기를 맡아 보듯 하거나
차향에 빠지는 따뜻함으로 사랑해 주세요
때때로, 나의 삶이 고달프고 힘들지라도
나는 틈틈이 사색하고 시를 쓰는 일로
살아가면서 힐링을 하렵니다
내가 사는 동안 아름다운 생을 위하여……

2018년 여름
신남춘

차례

제2부

제3부

제4부

제5부

제1부

인생은

작은 개울물로 출발하여
크고 넓은 대하로 나아가
작은 울음이 큰 울음 되는 것

강변의 수런거리는 풀꽃들
목울음까지 눈 맞춤하다가
물비늘 잔잔히 울고 가는 것

높은 하늘, 망망한 바다를
기웃거리며 우리는 얼마나
흔적 없이 잦아들었던 가

영원의 밤하늘
굽이굽이 흐르는 반딧불처럼
우리는 찰나를 곡선으로 스치는 운명

그러하니
왈칵 사랑의 눈물 쏟을 수밖에
왈칵왈칵 그리움 쌓았다가
계절이 저무는 어느 날에
우리도 그리움 함께 타는

노을이나 될 꺼나

저물어 하루의 난간에서
한 조각 침묵으로 삭으리니

꽃씨

무성하게 자란 잎 위로
꽃 몇 송이 피어올린 채
시간은 짧았네
씨앗이 하얀 속살의 생명을 담기까지는

햇살은 아직 따가웠네
해질녘 하늘은 붉게 물들고
강물이 몇 계절을 하구로 실어 나가는 동안
씨앗 몇 개는 까맣게 우주의 시간으로 타고 있었고

발갛게 물든 가을 뜰 앞에
오래된 허름한 의자 위로
톡톡 나뭇잎 편지가 쌓이고
내 아버지의 사연 같은 설화가 쌓이고

지난날의 그리움을 붙잡고
꽃씨 몇 알 융숭하게
붉게 익은 석양노을에 물들어
가을을 온통 익히고 있었네

어느 봄날에

물 머금은 나뭇가지가 봄바람을
제 몸에 팽팽이 끌어 들인다
어디서부터일까

그윽한 봄 향기 코끝에 스치고
추운 겨울을 덮고 일어선
봄 동산엔 매화꽃 축제

꽃길을 따라 깔깔대는 소리
산자락마다 번지는 함박웃음
연초록 온기 흐르는 어린잎들

쏘옥 고개를 든 봄날에
햇살은 벌써 따갑고 어느새
내 몸은 봄의 숨결로 넘친다

그리워라
그리워라, 진정 그리워라
손잡고 함께 거닐어주던 어머니

나비

사뿐사뿐 나풀거리는
행복에 젖은 나들이
저 가벼운 날갯짓

가녀린 더듬이의 통찰
늘 또 다른 황홀한
이역을 꿈꾼다네
호젓한 하늘의 고요를 지나서

아름답게 오늘을 수놓으며
날아가는 생生은
영원으로 가는 것 일세

이 땅 저쪽 끝을
하늘하늘
꽃 무덤으로 가리
가서 스스로 꽃 무덤이 되리

봄맞이

이른 봄비가
온 땅을 촉촉 적셨다

황량하던 들판
새록새록 풀잎이 돋고
얼음장 녹아
냇물이 흘러내린다

우뚝 솟은 마을 앞 산
자욱한 뿌연 안개 걷히면
물오르는 나뭇가지마다
푸르른 힘줄이 선다

지나간 계절이 다시
새롭게 달려오고 있다

금강송

뿌리를 백두대간에 두고
살아온 천년의 세월
쪽빛 동해 바다를 품어
뒤틀림 없는 올곧음

드높은 하늘을 우러러
가슴 아프게 목매이던
오랜 아픔의 시련들
가슴 깊이 옹이로 담아

아버지 그림자처럼
늘 든든한 기상
철따라 솔잎 스치는 네 노래
지금, 내 영혼을 흔든다

언제 보아도 보아도
숲속의 당당한 영웅
그래, 사나 죽으나
영원 하리. 그대 금강송은

금강산이 내려와
울울울 여기에 섰구나

진고개에서

해발 구백 육십 미터 정상
얼굴 없는 바람이
내 등을 떠밀고 있다
휴게소가 앉아 있고
잠시 머무는 주차장
차들로 빼곡하다

산나물, 약초 약술을 파는
중년의 여인 얼굴빛이
피곤으로 부스스하다
고개 너머 야생초들
야윈 세월을 너울거린다
땅이 덜컹거린다
그냥 서 있을 수가 없다

산허리 휘감은 뿌연 구름
숲을 흔드는 바람의 위력
몇 분 간격으로 들리는
자동차 엔진 소리까지
모두다 그대로 두고
진고개 내리막길을 내려

내 어귀찬 생을 더듬다
인생의 변곡점을 지나서

씁쓸하다

내 존재가 죽는 다는 걸
미리 알았다면
온몸 부들부들 떨었겠지

하루 보글거리던 일과
벼랑 끝으로 달리는 저녁
검은 눈물이 주르르 흘러
몸에 젖는 시간 씁쓸하다

입안에 갇혀 있는 숱한 말
침묵에 눌린 적막한 순간
그냥 편할 수 없는 생각들
삭아가는 오늘 하루

불 꺼진 빈 방
미움과 원망, 절망과 분노

독버섯처럼 번지는 것
가리개 쳐야 할 씁쓸함이다

내가 죽지 않으면 결코

온 몸에 붙어사는 너
누구, 떼어 줄 테냐
새벽 달 아래 돌아와도
요철로 돋는 잠자리

수수꽃다리

휘영청 밝은 달빛아래 바람은
솔금솔금 나뭇가지를 매만지고
별빛 무수히 쏟아지는 그날 밤
화려한 장식은 축제장이 되었다

하늘과 땅 사이 오롯이 퍼지는
꽃향기, 꽃부리 가득 머금고
마음조차 설레는 연인들의 속삭임
연못가에 물방개 놀듯 잠방잠방 거리고

내 어릴 적 눈 지긋하게 감고
코를 들이대시며 한참동안 좋아
너무 좋아 황홀해 하시던 어머니
이 밤도 그 향기 그리 취하실까

피는 꽃송이 한결같은 형상形象
은은한 향기 가슴 깊숙이 베어
어머니 숨결, 어머니 사랑
내 생명의 향기로 흠뻑 젖는 밤

나무가 춤을 춘다

보이지 않는 바람을 붙잡고
나무가 흔들흔들 막춤을 춘다

연초록빛 수려한 옷을 걸치고
가녀린 몸 신나게 스텝을 밟는다

내리는 비로 몸을 흠뻑 적셨지만
부끄럼 없이 흥겹게 머리까지 흔든다

젊은 나무들 허리가 참 유연하다
바람을 따라 이리저리 휘청 거린다

바람의 소리, 바람의 리듬 달려오는
숲 속은 나무들의 즐거운 축제장

비갠 숲 속의 오후, 지금도
흔들흔들 막춤을 춘다
나무는 한생이 흥겹다

바람의 길

느티나무 가지가 뻗어간 쪽으로
길 하나 틔었다
사람들은 웅성거리며 날마다
그 길을 따라 나갔다

나무는 자꾸 눈짐작으로
어제만큼 오늘도 길을 냈다
나무가 건너다보는 황야에는
어느덧 하늘의 계시록처럼
바람이 일었다
나무가 제 몸 일제히 팔랑거리며
구름결로 솟아, 스스로 길이 될 때
바람도 아슴아슴 꼬부라지는 길을 냈다

가로수는 연이어
길의 너비로 똑같은
간격을 전달하며 한 가닥
가슴 벌려 길을 냈다
그때 느티나무는 스스로 바람이 되어
함성까지 전달한 것이다

길에 이정표를 세우는 것은
어리석은 일이다
길은 표식 없이도
영원을 향하여 나가기 때문이다

한 세월 못되게 산 것에 대하여
힘들고 어렵게 산 것에 대하여
그 기억 잡았다 놓았다 하며
느티나무는 온 종일 팔랑거리며
바람의 길을 내는 것이다

찔레꽃

지구를 몇 바퀴나 돌아 나온
계절의 머릿결, 그 순백의 고독
햇살은 오월을 그윽이 젖고

가슴에 가득히 쌓아온 그리움
온 천지에 향기로 터질 줄이야
꽃잎 물던 소녀의 추억 속에 섰네

몇 번이나 다녀갔을까
내 가슴을 박차고 나간 그리움의 바람
몇 철이나 그 언덕을 넘었을까

깔깔거리다가 눈물이 되어 버린
하얀 언어들
말갛게 익던 사랑도 저물고

떠나간 것들
어디 붉은 노을뿐이랴
임이랑, 가물가물 찔레꽃 향기

유리창 닦는 여인

맑은 날 아침 가게 문을 열고
유리창을 닦는 여인을 본다
자기 인생을 빛나게 닦는다
뒷모습이 아름답다

닦아도 닦아도 지워지지 않는
유리창에 비친 여러 가지 허상들을
닦으며 자신은 스스로 아름다워진다

의심과 배신을 물리치면
맑은 물기로 촉촉하게 떠오르는 영상
깨끗한 유리창에 끼어든 하늘도
흰 구름을 동동 나르고 있다

유리창은 가게 안 물상들의
오손 도손 이야기도 들여다 본다
여인이 꿈꾸는 세상이 확 트인다
여인은 유리창을 다 닦고
자신의 가슴 속 칙칙한
어둠도 비워 낸다
마침내 온 세상이 밝은 아침이다

새벽 길

추운 밤의 갈기를 거두고
조올조올 잠을 윗목에 밀치며
물상들 하나 둘씩 목숨 일으켜
제각각 시선을 챙긴다

안개가 자락자락
아직은 새벽을 가로막고 있을 때
자동차 몇 대 길바닥 침묵을 깨우며
두려운 어둠을 휘둥그레 눈 밝혀
황망히 네 바퀴를 굴릴 때,

교회당 종소리 심연에 울먹이면
검은 밤의 거죽을 벗기며
해맑은 영혼들 발자욱은 경건히
은하의 빛 자락을 더듬는다

어제가 죽고, 오늘이 깨어나는
병아리 울음같이
추위를 오스스 털고 봄이 오는
수런거리는 소리들의 아장거림
지금 막 먼동은 청자 빛이다

새벽은 골목 끝머리에 닿고
우주의 한 조각 동녘은 한 모금
빛의 생명이 일어나고
내 기도는 어느덧 영글어
쫘아악 움 트는 샛별이 된다

가을 편지

북녘에서 달려 온 찬바람이
골목길을 휘젓는다

삶에 지친 어깨들
어둠속으로 묻혀 버린 뒤

가을 잎의 떨리는 몸부림
선홍빛으로 물이 들었다

기우는 달빛 아래
뒤척거리며 읽어가는 사연

내 하소연은 여기 음울한 목청
네 사연은 이렇게 칙칙한 빛깔
가을 향기 머금은 뒤란에
다 읽지 못한 편지 쌓여간다

몇 날이고 바스락 거리며
불타버린 사랑

안경

저 멀리 서 있는 것을
이제는 잘 보질 못 한다
눈을 감고 뜨고 몇 번 해야
어렴풋이 보이는 형상

안경 탓이 아니야
살아온 인생이 어둑해 졌어
이승의 굽이굽이가 험난했던 거야
내가 나에게 가물거릴 때
세상은 온통 뿌연 안개 속

본다는 것은
내가 그에게 다가 간다는 뜻
안경을 바꾸듯
내 안의 망막을 바꿔 끼자

그리하여
멀리 있는 그대들이
내 이웃으로 다가와
코끝에 시큰하게 서리거나
맺혀 오도록

빨래

언제 스스로 제 몸
한번 씻어나 보았으랴
속된 이야기
인간사, 구겨진 음모

하얀 비누거품을
듬뿍 끌어 당겨서
뼈 속까지 묶은 때
어머니 손길은 내 영혼까지
하얗게 표백 시켜냈다

삼십 년 지난 즈음
빨래터도 없고
울 어머니도 없고
강은 검붉은 야욕의 물결
온 세상은 때 국물로 흐른다

미루나무 가지 끝
따가운 햇살에 빛바랜
팔랑거리는 헝겊쪼가리는

가난한 시절 오히려
아름다운 모성을 흔든다

뜰을 거닐며

초승달이 먹물의 구름을 끌어 덮고,
물기 부푼 귀뚜라미 울음
지난 날 이야기를 자꾸 펴내면
한 줄기씩 소슬바람이 아리다

우리의 옆구리를 스치며 떠난
강은 얼마쯤 멀리 갔을까
산 그림자 혼곤히 꿈결처럼 젖을 때
산비둘기는 구슬피 울어
밤의 적막을 깨운다

문득 아스라이 달빛은 오고
우리네 정원은
잠 속을 오스스오스스
꿈결을 털어낸다

잊지 말자
강이 놓고 간
그리움 또는
애띤 사랑 이야기를

제2부

버려진 이불

아파트 한 곳에
헌 옷 수거함이 서 있다
그 수거함 위로 큼직한 이불이
아직 체온을 웅크리고 있다
겉은 붉은 장미꽃 무늬
버려져야 할 운명의 꽃이었던가

어느 지어미가
소박을 맞았나, 문밖 어둠에
볼을 비벼댄다
꾸역꾸역 일어나는 비단결 추억
이리도 이지러져
보푸라기 인생이 되었는가

버려진 행장
어느 낯선 이역을 꿈꾼다

아파트 몇 층이고
열린 문은 하나도 없다

고양이 울음이
시커멓게 밤눈으로 스쳐가고
절대로절대로 홀로임을
부시시 느껴지는
아, 섬뜩한 운명

봄, 기다림

보셔요
이른 봄 살포시 문을 열면
따뜻한 햇살이 웃을 때
부끄러워 하지 말고
얼굴 내밀어 주세요

보셔요
새찬 바람 부는 꽃샘 추위도
나뭇가지에 든든히 달아 놓고
향기 그득 머금고 하냥
얼굴 환하게 보여 주세요

보셔요
언제 오시려나요
내 가슴은 벌써 두근두근
매화 향기에 흠뻑 취할
준비가 되었답니다

하늘

언제나 고개를 들어야 볼 수 있었다
멀지만 가깝게 느껴지는 네겐
나의 젊은 날에 꿈이 지폈고
네가 열릴 때 하루는 시작 되었다

살면서 찢긴 상처와 분노와 절망들
생기 돋구어 소리 지를 때 넌
모든 것을 다 받아주었고
그러기에 멀리 있어도 좋은 거였다

기쁜 날도 슬픈 날도
널 바라만 본다 내 곁을 떠난 사람들
어떻게 사는지 보고 싶다
정말 보고 싶다

겨울 비

찢어진 하늘은 온통 분노의 도가니다

부글거리는 하늘의 거북한 속 쓰림
눈물은 동공을 열었다 닿았다 하고
한과 설움, 외로움이 방울방울 한통속
서로 엉키지 않고 지구로 굴러서온다

바람소리 매섭고 기온은 뚝 떨어져
볼을 문질러도 오스스 떨리는 입과
고뿔을 염려하는 행인들 발걸음 뿐
차 한 잔 나눌 틈새도 그럴 사람도 없다

이 땅의 온갖 물상들 슬픔을 앓고

추적추적 내리는 비에 젖은 몸 온통
뼛속까지 시리다 지금은

비 오는 날의 초상

찢어진 하늘, 터져버린 심장
눈물샘 열려 멈출 줄 모른 채
금새 온 땅을 적셔버린 대낮
저녁 맞은 듯 어둑어둑 합니다

창밖을 멍하니 바라보다가
문득 당신을 생각 합니다
그때, 발자국 소리
흐느끼는 목소리 다가서고

창문에 미끄러지는 빗방울
온통 당신의 얼굴입니다
당신의 따뜻한 사랑
당신의 뜨거운 심장입니다

기억 할께요
빗물 촉촉 적시는 자리마다
움찔움찔 땅을 헤집고 일어 선
연두 빛 생명
그 환상의 청라언덕을

새벽 장

고요함 깨뜨린 여명의 시간
새벽잠 떨쳐버린 재래시장
수런거리는 시끄러운 소리들
닳아빠진 음반소리로 들린다

반복되는 일 펼치는 하루
장터가 그들의 삶이고 행복이며
소리치는 낯익은 목소리들은
난장판 벌린 듯 귀에 쟁쟁하다

채소전을 이곳저곳 기웃거렸다
산을, 들을 옮겨놓은 듯
봄기운이 모락모락 피었다
봄 동, 갖은 산나물 빼곡하다

부드럽고 싱싱한 살아 있는 영혼
손으로 살며시 만져 보기라도 하면
연한 속살 금방 터져 버릴 듯
몸속에 품은 연록의향 뿜어내고 있다

살면서 자주 느끼지 못한 이 향기
단맛, 쓴맛, 매운 맛 보며
부질없이 살아온 지난 세월에
쩌들은 비린 냄새 바꾸고 싶다

몸을 위해서라면
이제, 식탁을 확 바꿀 수밖에 없겠다
새벽 바람이 아직은 차갑다
봄이 아직 제대로 오지 못한 까닭이다

항아리

죽은 듯 살아서 숨 쉬는
목숨 줄 긴 생명의 존재로 남아
아직은 배 골치 않은 듯
겉보기엔 넉넉함 가득히 흐른다

대를 이어가며 사랑으로 지켜온
한국 여인들의 뜨끈한 손길로
늘 닦고 닦아 주던 그 때는
매끄럽고 단아한 광채를 냈다

흙이었다가 흙을 빚어 만든 항아리
시골집 뒤란에 놓인 그대로 지금은
머리가 깨어진 채 돌볼 사람 없이
얼굴 까칠하고 병든 몸이 되었다

항아리 빚은 사람, 항아리 주인까지
잊혀진 계절에 흙으로 돌아갔지만
누구 손닿지 않은 쓸쓸한 자리에서
외롭게 여린 숨만 헐떡거린다

그래도, 홀로 마지막 사는 날 까지

맑은 날엔 햇살을 담고
비오는 날엔 빗물을 담으면서
어머니 마음, 손길 떠올리고 있다

하얀 목련

순백의 여린 모습으로
살포시 가슴 여는
너의 모습 아름답구나

네 안에도 보이기 싫은
아픈 상처 있으련만
마냥 웃는 젊음을 본다

그 단아한 청순함을
그 누가 흉내를 낼까
자연이 주는 사랑인 것을

순백의 몸 지킬 수 없어
침묵하며 낙화하는
그 모습까지 아름답구나

백안미인 천녀처럼
눈물 없이 이별한 자리
연두 빛 잎 쏘옥 돋는다

등 기대어

나무들은 평생을 선채로
살고, 놀고, 잔다
은은한 향, 상큼한 공기랑
숲 속에서 한 가족처럼 산다

그들은 홀로가 아니다
환경을 탓 하지도 않는다
너른 숲, 좁다란 길 사이로
시시콜콜한 역사를 모아 들인다

들어야 할 귀를 꼭 닫아
고통, 절망의 소리
그 소리 들어도 못 들은 척
묵언으로 듬직하게 산다

숲 속이 아름다운 것은
하늘의 계시록 때문이다
내 갈길 몰라 방황할 때면
나무야, 너에게 등 기대고 싶다

청보리 밭

드넓은 고창 청보리 밭은
따스하다
군불 지핀 듯

풀풀 자란 곧은 줄기들
올망졸망
하늘 찌르고

보드러운 잎들은
부는 바람에
푸르게 부산하다

시야를 넘치는 푸른 제복의 장병들
광야로 지평선까지
굽이쳐 나간다

땅거미 내릴 무렵 사람들은 생애의
까칠까칠한 모든 넋두리를
털고 간다

능소화

이승과 저승을 넘나들며
꽃바람 한없이 번져
기어오르는 가지 끄트머리
천 년 사랑 매달렸다

가지 끝에 붙어서나
가질 떠나 땅에 떨어져도
살아 있는 언어의 입술은 한동안
여전히 달삭거린다

서로 마주보며 웃어주던
내 삶의 끝자락을 장식하며
생애의 마지막까지
그리움만 그득하다

우리 인생의 마지막은
행복한 죽음이어야 한다
두려움을 떨치고
고통마저도 잃은 채로

안개

태양이 눈 뜨지 않은 한밤중은
모두가 잠든 시간이다

불면으로 부스스 눈 뜬 새벽
세상은 온통 안개로 휘감겨
도시 하나가 사라지고
가로수마저 보이질 않는다

눈앞에 보이는 것 하나 없고
희뿌연 광야가 펼쳐 있을 뿐
자동차 몇 대가 이 광야를
느릿느릿 기어 다니고 있다

고요를 깨는 경적과 불빛에도
시원스럽게 길을 트지 못하는
미명의 시간, 모든 물상들은
광야에서 잠든 시간이다 아직도

황간역에서

나란히 달려 나간 철길 위
기차는 약속된 시각에
상행선, 하행선을 교차 한다

떠나는 사람 보내는 사람의
서로의 그리움 모조리 싣고
세월마저도 매달려 깜깜하게 간다

석양이 아름다운 작은 동네
오는 사람도 가는 사람도
부여잡는 시詩가 있는 간이역

하늘엔 구름이 흘러서 가고
기차는 고요를 차 뭉개며
스스로 흩어져 간다, 멀리 멀리

흔들리는 것, 인생 이란다

덜커덩 창문이 마구 흔들리기 시작을 하고
뿌연 유리창 밖에는 나무마저 휘청 거렸다
지나간 세월의 아픔과 고통으로 인하여
쌓이고 쌓인 걱정거리가 한꺼번에 쏟아지듯
바람은 자연을 흔들고 나는 머리가 아팠다

하루아침 날에도 무수히 쏟아지는 정보들
무엇을 따라야 할지 솔깃하면 흔들리고
긍정과 부정이 오락가락 갈피를 못 잡는
나약한 인생의 길을 누군가 흔들고 있어
넘어지지 않으려면 심지가 곧아야만 했다

가까이 있으면 흠결 하나쯤 보기 쉽지만
멀리 있으면 전하지 않으면 알 수도 없어
그래서 때로는 멀리 있고 싶어 하는 것을
봄 여름 가을 그리고 겨울을 지나치면서
무수히 흔들리는 것 그것이 인생 이란다

감

해묵은 나무에 가을이 익는다
주렁주렁 매달린 가지마다
전라도 인심과 사투리 몇 낱 거느리고
호남의 초원 위에 자랑스러운 감나무

노란 감꽃 가득 피었을 적
밤새 흔들어댄 바람으로
떨어진 꽃 줍던 어릴 적 친구들
그 오랜 추억이 아슴아슴 매달리고

가을 햇살 한 움큼 씩 채워
수백 개의 작은 우주덩이로
바람에 휘청거리며
발간 얼굴 윤기마저 자르르하다

찬 서리 내리고 나면
제 맛을 품는다는 지난 날
어머니 말씀이 떠올라
기다린다, 서리 내릴 그 날을

겨울 사랑

함박눈 쏟아져
온 천지가 하얗게 덮인 마을
우리는 절대로 이별했던 건 아니야
갓 구운 고구마를 서로 나눠 먹던
사랑의 기억, 하염없이 눈은 내렸다

서로 손 잡고 함께 거닐었던 길
어떤 차가운 운명도 막아줄 줄 알았다
밤이 새도록 뚜벅 뚜벅 거닐며 흘린 말
긴 긴 세월에 씻겨 망가져 버린 채
냉기 감도는 분노 도사리고 있다

아, 그리움이 몇 철 쌓이다 보면
이리도 하늘이 와락 무너져
내 발치에 순백으로 몰려드는 가
사랑이란 차가운 게 아니야
차가움을 녹여 주는 것이야, 온화함으로

새 하얗게 눈부신 온기
의심의 그늘을 덮어버리고
하얀 세상 하얀 마음 그 위로

펑펑 쏟아 붓는 사랑의 기억들
고요한, 고요한 함성소리

나무뿌리의 생각

땅 밖을 한번쯤 내다보고 싶은 마음이
속내는 아주 절실하게 있었을지라도
언제나 땅속 깊이 묻히지 않으면
결코 키 큰 나무를 만들 수가 없었다

죽은 듯 추운 겨울도 늠름한 기개로
침묵으로 견디며 낮과 밤을 보내고
산기슭 얼음장 녹아내리는 봄이 되면
나뭇가지 끝까지 물을 뽑아 올린다

비록 흙속에 파묻혀 밤낮을 살면서도
세상 밖에 투정 한 번 부리지 않은 채
자신과 연결되어 있을 땅위의 지체가
누구보다 건강하게 살기를 바랄뿐이다

키 크고 몸집이 비대해지는 나무라야
땅 속으로 깊이 뻗는 뿌리를 가지고
뿌리마다 수많은 수염뿌리를 양산하며
늘, 언제나 땅위에 선 나무를 생각한다

겨울 산사의 아침

매섭게 몰아치던 눈보라가 잠시 그쳤다.
편백나무 숲에는 피톤치드가 얼어붙고
별빛마저도 사라진 이른 아침을 맞았다
기와지붕에 가득 내려앉은 하얀 눈이
집채를 꼼짝 못하게 짓누르고 있다

편백나무 가지마다 하얀 눈꽃이 피고
주변은 분간 못할 정도로 눈이 쌓였다
눈 덮인 산속에 고요한 적막이 흐르고
뽀드득 뽀드득 발자국 소리 들렸다
추위에 얼어붙은 문 삐걱거린다

지금도 산사에 눈은 소복이 내리는데
짐승도 없고 산새소리도 죽은 아침
아궁이 속 이글거리는 불길 속에서
발갛게 타고 있는 참나무 더미가
추위에 떨던 옛날 생각난 듯 울고 있다.

제3부

무궁화꽃

연 보랏빛 고운 얼굴에
맑은 혼 가득 품고
풀벌레 소리 듣는
겨레의 혼 불

이 땅 어디든 뿌리내려
곧은 줄기 하늘로 뻗고
우윳빛 터지는 가슴마다
한줄기 햇살에도 빛남이여

가는 세월 오는 세월을
꿋꿋하게 지킨 나라의 상징
피고 지고 또 피고 지는 삶
강한 뿌리는 겨레의 심장

그 자리

시작은 달려 끝에 닿고
끝은 다시
시작을 준비 하네

그리움이 쌓여 있는 자리
잡히는 곳 보다
잡히지 않는 곳에 더 머물고

아쉬움이 가득한 자리는
알고 있는 것보다
알지 못한 것에 더 많다네

나를 일깨워 주는 것들
하루 생활의 터널 안
오가는 말에서 배우고 있네

하루를 마감하는 그 자리

그때는

따가운 햇살에 등 기댄 채
조용히 숨 죽어가는 어린 나무
공기 빨아들일 잎사귀 힘도 없고
물 뽑아 올릴 뿌리 힘도 없다
오로지 한줄기 소낙비 간절함으로
가쁜 숨소리만 헐떡헐떡 그렇게
요란만 떨지 않았을까

세상 벼랑 끝에 다다른 것처럼
절규하는 소리 온 세상에 퍼지니
하늘은 무진장 감동한 듯
거침없이 퍼부어 대는 장맛비
나무는 두들겨 맞는 아픔을 잊은 채
온몸을 빗물로 뒤집어 쓴 오늘이
지금 살아가는 내 모습으로 아른아른
머릿속을 넘쳐난다

느티나무 한 그루 처음 뿌리 내린
그 자리 꿋꿋이 지켜 사는 삶을
예전엔 내가 어리석도록 몰랐었는데
이젠, 나이를 자꾸만 먹어가면서

왜 그곳에 서 있었는지
나무 한 그루 심은 사람의 마음
알 것 같다, 지금은

풀잎

들길에 서면
싱그런 풀잎

바람에 넘어져도
오뚝 일어서고

온갖 아픔과 시련
기댈 곳은 침묵 이었다

끈질긴 한줄기 생명

대를 이어가는
초록의 힘찬 기상

이 세상 어디라도 난
너처럼 그리 살게다

밤비

온 밤 내 어둠이
차가운 빗물에
묻어 내린다

그 어둠속
가로등 몇은 졸고
몇은 실눈을 떴다

칠흑의 깊은 밤
하늘의 아우성 소리
세상 삼킬 듯 요란하다

적막을 깨는
바람소리가 창문을
사정없이 흔든다

밤 열차는 달리고
차창 밖은 온통 신들의 분노
내 영혼 어디에도 머물 곳 없다

푸른 오월이면

담장에 핀 장미가
지나치는 사람들에게
요염한 눈짓을 한다

짙푸른 숲속으로
햇살 한 줄기
화살처럼 날아간다

푸른 오월이면 여기저기서
나를 부르는 소리
귓가에 쟁쟁 거린다

사랑을 아느냐고
나눔을 베푸냐고
성가시게 물어도 온다

아카시아, 이팝나무꽃이
하얗게 핀 푸른 오월은
바람의 향기도 멀리간다

그윽한 그 향기
쫙 퍼져버린 오월 속으로
벌 나비 떼 날고 있다

빈 손

그 어디에도
빛은 없다
불 꺼진 창은
이명의 반역

쥔 것도 없으며
쥘 것도 없다
태풍이 할퀸 자리
모든 게 허망하다

캄캄한 한 밤중
무서움만 쌓였다
어둠속에서 타작하듯
어둠끼리 떼를 짓는다

날이 밝았다
먼지를 털어냈다
빈 손바닥에 얹히는
빛나는 햇살
가득히, 가득히

후회

일 년 열두 달
내가 쪼개 먹는 시간은
부르지 않아도 찾아오고
보내지 않아도 떠나간다

한 순간을 기다림이란
설렘 속에서 가슴을 앓고
한 날 잠이 들 때가 되면
아쉬움만 한 바가지다

밝음이 어둠을 불러오는지
어둠이 밝음을 불러내는지
깨달음 없이 사는 어리석음
늘 사는 게 그렇다 나는

악몽

빠져 나올 수 없는
어둠의 수렁에서 허공을
휘저으며 몸부림만 쳤다

무서운 세상 속
꿈틀대는 괴물 앞에 기죽어
짧은 순간을 살고 있다

짧지만 긴 터널 속 지나가듯
몇 날이고 머릿속을
순간순간 뒤 흔든다

후들후들 떨리는 몸
땀으로 적시고 잠깬 멍한 자리
불면증 앓고 있다

아버지의 초상

다문 입으로 무슨 말을
하시고 싶으신 거다

빛나는 검은 눈동자는
언제보아도 인자하시다

잔소리가 없으시던
그 옛날의 당당한 영웅

문득문득 내가 지금
닮아가고 있는 것이다

늘 자상하신 그 모습
얼굴에 그려져 있다

지금도 알 수 없는
아버지의 마음까지도

이름표를 달자

그 사람 누군지 모르지만
상냥한 말씨가 이름표였다

의자에 다소곳하게 앉아
환한 미소 남기고 떠난 자리
이름표 달렸다

벽에 걸린 달력 한 장
야위어 초췌하다

할 일은 많은데
날이 자꾸만 사라져
꼬이고 휘말리고
가슴마저 동동 거린다

가는 날이나 오는 날을
꼭 붙잡아 둘 수가 없다

그냥 지나칠 뿐
사는 게 다 그렇다
그래도, 한 해 마무리
행복이란 이름표를 달자

초겨울 밤에

붉어진 해를 삼키는 것은
바다가 아니었다
우주를 야금야금 먹어대는
어둠 이었다

만물을 꿀꺽 삼킨 어둠 속
자동차 불빛이 달리는 길
알몸이 된 은행나무는
나뭇잎 몇 잎을 달고
부들부들 몸부림을 친다

찬 서리 토해내는 한 밤중
댓잎이 사각거리는 소리
살을 에는 칼바람이 일고
모두가 잠든 세상은
고독하고 쓸쓸하다

희뿌연 별빛 가득히
오스스 떨고 있는 밤

발자국

지나간 세월은
돌아오지 않으나

그 발자국

아픔과 고통의
아린 상처로

기쁨과 환희의
역사 속으로

푹 파인 발자국

오늘도 나를
넘어가고 있다

내 마음

오늘 밤에도
어젯밤 꾼 꿈을
다시 꾸고 싶다

세월에 씻겨
감출 길 하나 없는
남루한 그리움

어둠에 갇혀
까맣게 다 타버린
세상의 온갖 물상들

추적추적 내리는
겨울 비에 떨고 선
벌거숭이 나무들까지

이 밤이 지나면
다시 새롭게 태어나
정직하고 아름다울 게다

내일은
모두가 잘 사는 삶
깊이 꿈꾸고 싶다

버들가지

전주 천변 버들가지가
혹한으로 묶였던 머릿결을
슬그머니 풀어 내린다

겨우내 배 곯지 않고 자라
온몸에 새록새록 푸른 기운
들어나고 있다

늘어진 가지의 흔들림이
여인의 긴 세월 가꾼
머릿결처럼 윤이 난다

부드런 연초록 머릿결
꽃샘추위 견디며 찰랑찰랑
봄을 물들이고 있다

호박꽃

까만 밤 걷힌 이른 아침
노랑 별 같은 수줍은 꽃
세상을 향해 뻗어 나가고
꽃에서 나오는 향기
담장 밖으로 빠져 나간다

불 뿜는 뙤약볕에도
도톰한 푸른 줄기엔
단아하고 수수한 꽃들
연이어 매달려 있다

호박꽃도 자세히 보면
사랑스럽고 예쁘다 하신
어머니 생각 문득 났다
꽃받침 밑에 애기호박 달린
꽃들이 암꽃이란다

매미소리 울어대는 한낮
드넓은 호박밭으로
벌 나비 떼가 날아들면
살맛 넘쳐나겠다 그곳은

해변에서

멀리 하늘이 닿은 곳 수평선
곧은 선하나 쭉 그어져 있다

드넓은 바다 수면은 온통
햇살을 머금고 눈이 부시다

출렁이는 푸른 바다는
은빛 찬란하게 출렁거리는 요람

내 여기 누워 큰 꿈 떠올리고
감동의 시 한편 읊고 싶다
아슴아슴 물결치는 오후
파도는 하얀 물거품만 뱉고 있다

바다 멀리 배 몇 척 떠 있고
내 곁에 남는 건 파도소리뿐이다

희망

젊은 청춘의 그대들이여
사랑이 무너질 때
그리움 와르륵 깨어 질 때
목메어 우는 바다를 본적 있는 가

넓고 깊은 가슴 풀어 헤치고
흘려버린 세월 탓하며
절망하던 통곡의 소리와
수면 아래로 밀어 내 버린
미래의 꿈을 떠올린 적 있는 가

오늘, 바다가 너를 부르고
네가 바다를 찾은 것은 서로가
울음소리나 섞기 위해서가 아니라
세상에 갇혔던 삶 벗어 던지고
새 인생을 꾸려가려는 것 일뿐이네

제4부

파도에게

물결과 물결 사이를 빠져 나올 때
그때는 맘껏 솟구쳐 보라

바위에 부딪치며 하얀 거품을
마구 내 뿜고 그래, 그리 살면 좋단다

어쩌다 치미는 분노 울컥 하면
바다를 뒤 엎고 난장판도 쳐 보거라

어디 제대로 머물며 살지 못한 한풀이
너의 뱃살로 실컷 토해 보라

마음 찢는 소리 아슴아슴 삭히면서
오래 오래 산다 바다는
언제나 바다인 채로

오늘

눈 날리듯 팔랑거리는 벚꽃 잎 지는 소리
꽃잎 수만큼 지나갔을 발자국 소리
수런대는 연인들 속삭임 서로 뒤섞였다
수많은 사람들의 탄성, 벚꽃 길가에
깨알처럼 뒹굴며 쉽게 이웃이 된다

옷깃을 스치는 사람들의 번쩍거림
눈부신 얼굴, 모두들 활짝 웃는다
길 따라 이어진 작은 요정들의 함성
향기 꿰어 달고 미소 짓는 몇 날은
하늘이 내려 준 궁전속의 삶이다

더불어 살다가 헤어져야 할 때
마음만 조이면서 침묵하는 너와 나
이별은 서로가 슬픈 일이다
서로가 깊이 마음 앓는 일이다
뒤돌아서 다른 길을 걷는 것이다

늦가을

곱게 물든 나무이파리가
햇빛을 안고 찰랑 거린다

바람에 고운 빛 나부끼고
가을 저녁 앞에 선 짧아진 낮

어디선가 국화꽃 향기
내게로 와르르 몰려 왔다

한해 되돌아서기 멀기만 하고
보내야 할 날 많지 않다

갈대밭에 내려앉은 반쪽 달이
찬 서리에 기울고 있다

노을 지는 바닷가에서

바다 끝자락 하늘이 닿는 곳
바다도 하늘도 수평선을 긋는다

우주에서 떨어지는 붉은 저녁노을
지구 한쪽을 활활 불사르고 있다

붉은 태양이 수면아래 가라앉으면
노을빛 삼키는 어둠이 번졌다

부글부글 끓는 바다 물결 속
물고기 떼 지어 이주하기가 바쁘다

모든 물상들 어둠에 묻힌 까만 밤
하늘 밝히는 별, 하나 둘 세고 있으려니

별 하나 뚝 떨어 졌다
내안에 밀려오는 한 줄기 빛

외출

눈부신 햇살 가득히
쏟아지는 그런 날은
내 마음의 길을 하나
만들고 싶다

그 길 따라 갔다가
간 만큼 돌아서 올 때
눈에 담고 귀에 담고
머릿속까지 빵빵하다

사람과 사람들 틈새를
끼어들어 어울리는 순간
인생의 보람을 낚으면서
발길 닿는 대로 옮겼다

바람이 어깰 누르면서
발걸음이 무거워진다
어둠이 노을 삼키기 전
또 하나 길을 냈다

장마

젖은 눈물로 슬픔에 잠긴 세상
몇 날 습한 나날이 우울하고
적막한 짙은 어둠 속

무덥던 날 작은 몸짓으로
활개 치던 하루살이 사라지고
나무는 온몸이 젖었다

핏발 선 눈동자
잠시도 눈 감을 수 없어
커피 마시며 떨고 있는 이 순간

언제 하늘이 맑아질 것인가
들판을 휩쓸고 가는 황량한
큰 눈물 뚝 멈출 것인가

폭풍

검은 구름이 온통 휘감긴 하늘
구름 속에 숨어든 악마가 보인다

화물선 몇 척 유유히 바닷물 가르며
부두를 떠나 수평선 너머로 사라진 뒤

쇄아~ 쇄아~ 밀려오는 파도소리는
갈라진 목소리로 깊은 숨을 토한다

밤낮없이 아리는 울음으로 멍든 바다
깊은 속 뒤 짚고 속내를 보일 듯 말듯

격한 파도소리 서로가 뒤섞이고 엉켜
드센 함성 끌어 내리지 못하고 있다

노한 파도에 휩쓸리는 숨죽은 짠물 바다
출렁출렁 한 판 치열한 전쟁 중이다

설날

간밤에 불던 찬바람이
어디론가 사라졌다

이른 아침 나뭇가지엔
까치 한 마리 앉아 운다

그 울음 속을 환한 햇살이
화살처럼 꽂히고 있다

반가운 손님 오시려나보다
웃음가득 쏟아지려나보다

한복차림이 어여쁜 오늘
아이들 맑은소리 들린다

그대 있음으로

오늘도 내 인생은
흙바람처럼
뿌옇게 날아간다

따가운 햇살 아래
경기하는 선수들보다
응원하는 소리 뜨겁다

언제나 미소 띤 얼굴
그 자리가
불덩이처럼 환하다

어제가 그랬듯이
오늘도 힘들고 고달프나
일터는 언제나 웃음꽃이다

비바람이 몰아 쳐도
세상이 왈칵 뒤집혀도
사랑이 메말라 버려도

푸른 바람소리가
아름다운 노래로 들릴 때
나는 쓸쓸하게 행복하다

그대가 거기 있으므로

어둠이 내리는 승강장

어둠내리는 시내버스 승강장
가볍게 떨어져 쌓이는
흰 눈발이 아름답다

으스스 떨며 발 동동거릴 때
승강장에 도착하는 막차는
만삭동이로 배가 불렀다

피곤한 몸 서로 기대며
막차를 기다렸던 사람들
모두 다 떠나고 나면

어둠에 묻힌 승강장
허름한 빈 의자 몇 개
노숙자 쉼터가 되고

승강장은
깊은 침묵 속에서
어둠을 덮고 잠이 든다

나의 삶은 담을 넘지 않는다

언제부턴가 좋은 것에 끌리는
끈질긴 습성으로 인하여서
쫓아가고 마음에다 담아야만
진정한 행복인 줄 알았네

강변에 외로이 선 채
버티며 살아 고목되기도 하고
아무리 힘써도 끔쩍도 않는
바위로 살며

이제 내 마음 강물에 씻어
닳고 닳아진 세월의 애환을
누군가에게 들려주고만 싶어
행복의 전령사 되고 싶구나

바람이 몇 번씩 스쳐가고
이 생각 저 생각 오락가락하는데
정의가 아니면 평화가 아니면
우리 삶은 결코 담을 넘지 않으리

어느 달밤에

하현달 떠가는
어느 날 밤에 나는
나뭇가지 앙상한 손 떨림의
자작나무를 보았습니다

산자락의 바람 굴러온 자리
말 한마디 못하고 웅크린 채
추위에 떨고 있는 나무들
생각에 잠겨 바라보았습니다

흐린 달빛 차가운 밤
바람은 코끝을 베고 나는
두 손으로 얼굴을 부비며
오지 않는 사람을 생각했습니다

흰 눈발 나뭇가지 흔드는
그 하현달 뜨던 밤에
서로 할퀴려 달려온 칼바람이
여린 달빛을 흩뿌리기만 했습니다

인연의 늪

한번 맺은 인연을 버리기란
정말 쉽지가 않더라

마음이 서로 상한 것도 아닌데
풀리지 않는 매듭 하나를 놓고

사람과 사람들 사이에서
어쩔 수 없이 멀어져야 하는
아픔이 밀려올 때가 가끔 있다

마음 없는 세상은 죽은 것이고
죽은 세상은 인연도 없다

욕망의 늪에 깊숙이 빠져버리면
나눔과 포용 없는 곳으로 추락하고

때로는 서슴없이 등을 돌려야지만
진실로 사랑하고 포용할 줄 안다면
순탄하고 영원하리라 인연의 늪

가을 햇살 한 줌

차가운 바람이 아슴아슴
이리로 오고 있다

나뭇잎이 사르르 떨고
노란 은행잎은 하늘을 난다

눈이 부셔서
바라볼 수조차 없는 햇살이
가을 산으로 쏟아져 내린다

쏟아져 내린 햇살 한 줌
두 손에 꼭 쥐고 서서

붉게 물드는 저녁놀 속으로
뛰어드는 것은 무엇이랴

그리움
그리움
그리움 아닌가

어둠이 깔린 동구 밖에서
저벅 저벅 걸어도 와줄
어여쁜 임이 아니실까

그 강가로

오늘도 새벽 강물은 차갑다
잔잔한 물결 위로 금빛처럼
햇살은 내려와 어둠을 사르고
뿌연 물안개 피어오르는 수면
물새가 조용한 날갯짓을 한다

강물은 오래 오래 전부터서
바람과 폭우와 눈보라까지
헤아릴 수 없이 싸우고
싸우며 살면서도 늘 새롭게
계절을 수놓으며 산다

난 너를 다 알지 못하지만
네 속에 품은 생명의 꿈틀거림과
유유히 흐르는 도도함을 알아
새벽을 가르고 달려왔지만 넌
하늘 바라보며 출렁거릴 뿐
 갈대숲 우거진 곳 철새가 있고
사계절이 아름다운 곳
잔잔한 수면 위로 물고기 뛰는

그 강가로 거친 삶에 지친 영혼
서성거리며 위로를 받는다

강물

녹음방초 우거진 숲속 길을 걷다가
길 왼쪽으로 확 트인 강줄기를 본다
잔잔하면서도 잔물결 긋는 수면 위로
어디서 왔던 상관도 없는 숨결 하나
내리쬐는 뜨거운 햇볕이 부글거린다

가던 길 머물러 서서 바스락거리는
풀 한포기 세워주고 바라다보는 강은
어머니 마음처럼 넉넉하며 포근하고
몇 년을 살았는지 알 수는 없지만
오늘은 청아한 젊음의 기가 솟는다

강물에 거꾸로 선 나무들은 한가롭다
거꾸로 서 있을 뿐 나뭇가지 흔들림은
강가에 서 있는 나무와 아주 닮았다
새 한 마리 물속 나무에 매달려서
살고도 싶고 날고도 싶어 파득거린다

심장이 고동치듯 강물은 출렁이고
휘둥그런 눈으로 너만을 본다
바람에 간간히 흔들리는 나뭇가지는

찢긴 깃발 하나 남겨 놓고
강물 속에 누워 있다

빈 집

거미와 쥐가 살 뿐
아주 음산한 곳이다
전기도 끊겼고
마당엔 풀만 우거져 있다

뿌연 먼지 그득한 툇마루
때때로 바람이 말끔히 닦아줄 뿐
밤마다 풀벌레 소리 마당에서
시끄러운 연주를 한다

소나무 가지 걸터앉은 달빛이
창틈으로 새어 나오는
누군가의 소릴 기다리다
코를 골기도 한다

울타리 가장자리 봉숭아꽃
꽃물들일 주인을 잃어버린 채
꽃씨 주머니 톡톡 터지면서
몸마저 말라가고 있다

겨울 아침

꽁꽁 얼어붙은 땅
그 땅에 뿌리내린 소나무
푸르른 잎이 떨고 있다

연기 뿜어내듯 입김이
쉴 새도 없이 나오고
손발이 싸늘해진다

건넌 방에서 들려오는
시계 알람소리와
기침소리 멈추지 않는다

성에 낀 유리창을
손바닥으로 문지르면
겨울이 가득 쏟아진다

겨울 아침은 차갑다
겨울 아침은 떨린다
겨울 아침은 매섭다

제5부

정情

그대가 떠나간 뒤로
바람이 세차게 불고
나는 휘청 휘청거리며
목적지도 없는 길을
한없이 걸었다

누가 알랴
속 타는 이 마음을
구름도 그냥 지나치고
바람도 그냥 스쳐가고
외롭고 쓸쓸한 삶이다

오솔길을 찾았다
땅에 박힌 돌멩이에
발을 채이고 울음 참고
솔숲에서 쏟아지는 향
답답한 가슴을 연다

보고 싶거든 언제나 오라
자연은 나를 반기고
나를 귀찮게 하지 않는다

그대여 너도 그리 하라
살다가 보고 싶거든

해바라기

하루 동안이면
세상에 일어나는 일
그 얼마나 될까

지구 한쪽 끝에서
다른 한쪽 끝까지
일어나는 삶의 모습들

가슴 총총히 새기며
하늘에 원대한 원을 그리며
내 삶은 해 진 뒤에야 그을린다

살면서 오가는 언짢은 말
아픔과 시련 가슴에 묻고 나면
황혼에 물든 광야를 닮는다

땅거미 내리는 어둠에 묻힌
찐한 생애의 풀린 몸짓들
내일은 해가 뜬다

가을볕이 좋아

가을볕이 너무 좋아
숲속의 나뭇잎이 빨개졌다
그 나무들 사이로 쓸쓸한 여자나
고독한 남자가 다닌다

가을볕이 너무 좋아
떨어진 나뭇잎이 바삭 마른다
사람들은 삶에 젖은 몸을
여기로 와서 말린다

가을볕이 너무 좋아
농부의 얼굴이 불그레하다
너른 마당에 비닐을 깔고
빨간 생 고추를 말린다

가을볕이 너무 좋아
빨랫줄에 바지랑대를 세우고
물먹은 여자와 남자를 말린다
세상에 젖은 허영도 말린다

굽 갈기

구두 굽이 다 닳도록
세월만 좇아 다녔다

구두를 닦아도 주고 광도 내고
신고 다니는 동안은
아무런 불편이 없었다

그런 구두 굽을 갈 때가 왔다
습관 탓인지 바깥쪽이 팍 닳아
걷기가 좀 불편하다

구두 굽을 가는 할아버지
손놀림이 예사롭지 않다
안경 너머로 내 삶도 뚫어본다

우두둑 여우비 내리는 오후
굽 갈은 구두를 신고
가을이 오는 강둑을 걸었다

아픔과 고통으로 젖은 삶
고요히 흐르는 강물에 적셔
깨끗이 씻어 보고 싶었다

화려함도 자랑거리도 없는 삶
후회하거나 꾸중할 이유 없다
삶에 순응 못한 내 탓인 까닭이다

구두 굽을 갈아 내듯 한번쯤
내 생生을 갈아 보고 싶다
아름다운 세상을 꿈꾼다

가을 엽서

가을바람 불어오는 날
고운 옷 갈아입은 나뭇잎이
눈 내리듯 흩날리고 있다

외롭고 쓸쓸한 사람들에게
그리움은 사랑이라고
따뜻하게 살라는 사연들

떠나야 하면서도 아름다움을
선물로 안겨주는 나뭇잎처럼
가을이면 따뜻한 사람 되고파

노을이 다 타버린 깜깜한 밤
바스락 대는 낙엽을 밟으며
나는 무엇을 줄 수 있을지

검은 눈동자 불을 밝힌다

핸드폰

매일 두들겨 맞으면서도
그 녀석은 참 강하다

잘 못한 게 없으면서도
투덜댐도 반항도 없다

서로 말 섞음도 있지만
다른 일 보기에 매달리고

일한 만큼 벌지도 못하는
쉴 틈 없는 몸, 몸살을 앓는다

사람들의 손을 떠나지 않는
매일 시달리는 피로감

모르쇠로 사는 그 녀석
아주 대단한 존재다

첫눈 내리던 밤에

밤새 찬바람이 울고 있다
까만 밤 뜨거운 눈물이 흐른다
장례식장에 다녀오는 길
하늘은 하얀 비애의 가루를 뿌렸다

너의 생애는 지금부터 시작이다
가로등 불빛에 비친 작은 눈꽃이
반짝 피었다가 사라지고
나뭇가지에 초승달이 걸린다

마음이 아리고 참 서글프다
눈 내리는 길에 발 도장을 찍는다
새 하얀 세상 너도 살고 나도 살아
심장 뛰는 소리 눈 따라 간다

눈은 점점 더 많이 내리고 있다
이 밤 하얀 옷으로 갈아입고
발이 꽁꽁 얼고 발바닥이 헤지도록
걷고 싶다 하염없이, 하염없이

강에게 물었더니

굽이 쳐 흘러온 물줄기
근원이 어디 쯤 이었을까
흐르다 보니 뒤 섞이고
흐르다 보니 큰 물 가득
여기에 잔잔히 모였다

사람들이 스스로 자신을
뒤 돌아 본다 하지만
지나쳐 버린 것 허다히
쉽게 잃어버리거나
멀리 보내려 강을 찾는다

흐르는 물은 썩지 않는데
강에게 물었더니
세상 삶 허다한 그 속에서
아무 생각 없이 너도 그저
마냥 흘러나 보란다

흙

그 자리
묵묵히 버티고 지켜
심은 대로 거두는
진실한 삶의 터전

너희는 알리라
벽돌이 빌딩을 짓고
비취빛 고운 그릇이
식탁 위에 올라 있음을

흔해 빠진 네가
바람 불면 먼지를 잃고
홍수 나면 골이 파이며
가뭄엔 온몸이 갈라진다

그래도
내일의 생명줄 같은
큰 꿈 하나로
멸하지 않는 영원한 땅

달맞이꽃

여름밤의 짙은 어둠속에서
한 점 노란 피를 빨기 위해
모기가 달려든다

울음 한번 뱉지 못하고
하늘의 초승달 바라보는
고독한 심정

어둠이 만연한 저녁인데
누굴 기다리는 것일까
노란웃음 얼굴에 꽉 찼다

백리를 걸어서 찾아오거든
천리를 동행 해 주려는 마음
온몸에 듬뿍 배어있다

달빛을 먹고 사는 세월 속
얼굴 빛 누렇게 뜨기 전에
보고 싶거든 어서 오시라

가뭄

느티나무에서 울어대던
그 매미소리 사라져 버리고
들판의 풀들이 목마름으로
조올조올 거린다

몇 날 며칠 따가운 햇볕에
온 땅이 단단히 굳어지고
장대비를 기다리는 농부는
핏발 선 눈동자

쫘-악 갈라진 지구 한쪽에
가슴 쪼개지는 아픔이 일고
농촌의 한탄하는 소리 가득
하늘로만 쟁쟁거린다

하늘이여, 실컷 울어 주거라
갈라진 땅 서로 한 살 되고
산천에 초목들 부스스 일어나면
농부의 얼굴엔 웃음꽃 피리니

그래

낙엽 밟으며
여명의 능선에 오르니
새벽을 쪼개는
칼바람 스친다

제 몸 모조리 들어내는
숲속의 나무들
눈 내리는 새벽
선채로 잠든 시간

별빛 사라지고
어둠의 터널 벗으면
그래, 알리라 너는
또 하루 시작인 것을

태양

태양은
우주를 지배하는
뜨거운 불씨

내가
바라 볼 수 없어서
눈부신 거다

연무

통째로 꼴깍
삼켰을 때 그때
만물을 가두고

찔끔찔끔 토해 낸
다음
흐물흐물 죽는다

무심

관계를 버리면
그리움만 쌓이고

그리움을 버리면
눈물이 쌓이고

눈물을 버리면
아무 생각도 없다

빛과 그림자

빛은
그림자를 만들지만
그림자는
빛을 만들지 않는다

사람은
빛을 만들지만
빛이
사람을 만들지 않는다

사람을, 빛을 잃으면
그림자의 존재도 없다

삶과 죽음

내가 산 것은
깃발을
흔드는 일이다

하지만, 죽는 것은
깃발을
거두는 일이다

신비

봄이 겨울을 밀어 낸다
동토를 뚫고 삐죽 나온 새싹
꽃봉오리 터뜨리는 홍매
봄을 알리는 배달부다
생명의 힘이다

개나리

담장 너머로
한꺼번에 쏟아진
노란 웃음

제 멋대로
자란 가지가
예쁘다, 예쁘다

■ 신남춘의 시세계

동양적 정한이 유로流路되는 서정시의 표상

―신남춘 시인의 시는 낭만적 서정시다

소재호
(시인, 문학평론가)

시인을 한 그루 나무로 본다면, 나무가 행하는 영양 작용을 탄소동화작용炭素同化作用이라 이른 것처럼, 시인이 행하는 영양 작용은 시의 산출이리라. 세포 중의 엽록체가 일광의 에너지에 의하여 공기 중에서 섭취한 탄산가스와 뿌리에서 흡수한 수분으로 탄수화물을 만들어 내는 작용이 위대한 광합성의 성과물로 나타남은 매우 기적 같은 현상이라 말할 수 있겠다. 매우 이질적인 또는 대립, 대칭되는 질료들이 만나서 사뭇 다른 형상을 빚는 이적을 우리는 기이하게 보지도 않았다. 햇볕과 물과 탄산가스의 만남이 식물의 성장, 번무를 돕는 탄수화물로 변이되는 현상을 조금만 관심 있게 본다면, 매우 큰 이적이라 아니 할 수 없을 것이다. 그러나 그 영양은 보이지 않는 곳에 깊이 숨겨져 있다. 마치, 시의 안에 사상은 과실의 영양가처럼 숨어 있어야 한다는 워즈워드의 주장에 합치 된다. 사실은 시 스스로가 그대로 사상일 수도 있고 정서의 표상일 수도 있어서, 이렇게 본다면 시는 스스로 숨거나 들어나는 변용 변태의 작용과 역할에도 능한 편이다. 시가 의미성, 음악성, 회화성 등을 화학적 합성으로 결정結晶되기 때문이다.

시에 활생하는 질료들은 식물의 광합성光合成에 요긴했던 물질들처럼 엉뚱한 것과 엉뚱한 것의 만남에서 교집합의 합성법을 단계 거쳐 뜬금없는(?) 제 삼의 세계를 창건하기에 이른다. 서정주의 「자화상」에서 인용하건대 "스물 세 해 동안 나를 키운 건 팔 할이 바람이다"의 시구에 주목해 본다. 그 팔 할은 무엇인가? 아니 그 바람이 상징하고 있는 실제 내용물은 무엇인가? 존재 위에 본질을 달리 말하고 있음직도 하거니와 존재자가 국방局方으로 외연을 두른 일체의 사상事象을 일컬음이겠다. 바람은 바람다운 본질상을 띤다는 말에 다름 아니다. 가령 이 할은 조상으로부터 물려받은 디엔에이DNA이거나 유전된 체질이거나 생물학적으로 유래한 모든 것이라면, 팔 할은 시인의 성장점에 누적 질량 전체를 이른 말일 것이다, 풍토라든지, 환경이라든지, 지증학적 생태성이나 풍습 관습까지, 시대와 공유되는 일체의 사념과 사상까지를 모으고 모아서 팔 할이리라. 그 팔 할은 물리적 육체적인 경향의 가시화된 영역이 아니라 정신세계의 일체 사상事象일 것이 분명하다. 이런 운위는 필자의 편견일 수 있음도 자인 한다.

신남춘 시인은 너무도 부지런히 그 팔 할을 경영했다. 팔 할의 이질적 요소들을 과감히 수용했다. 팔 할을 찾아 이곳저곳을 헤매었다. 그러니까 새로운 풍토, 경이로운 환경, 생경한 물상을 찾아서,

이를 내 경험으로 받아들이고 다시 내 것을 육화肉化시켜 내 것으로 나갔다. 일종의 사상이나 사념도 그 변증법적 사변을 거쳐 재빨리 정·반·합의 그 합合에 도달했다. 어둔 것을 만나면 바로 먼동의 가슴을 준비했다. 가난하고, 우울하고, 시대적 격변으로 인한 암울성까지도 자신 안에 깊숙이 영양화시켜 말하자면 독특한 자신만의 맛으로 환치해 냈다. 그러니까 세상 만유존재를 긍정적으로 보고 긍정적 소출의 정서를 빚어냈다. 그래서 그가 뿜어내는 육성의 시는, 약간의 허무나 애상, 센티멘탈이나 쓸쓸함이 나부끼지만 그러나 그의 감성의 회랑回廊에는 미래로 꽃피우는 '그리움'으로 표방되는 정도에 머문다. 활활 타오르는 분신의 불길은 신 시인에게서 만날 수는 없으되, 고독하고 쓸쓸함의 가랑가랑 읊조림은 금방 만날 수 있다. 숙주宿主란 말이 있다. 기생 생물이 의탁한 생물의 몸 안으로 들어가 성장하는 것을 말한다. 여기서 기생 생물을 시의 개체로 환언해 본다면 끊임없이 시적 기생물이 신 시인에게 기탁하여 숙성의 단계를 지나 시로 등장한다는 생물학적 논변을 펴 본 것이다. 저 팔 할은 본질이라 정의해 보았거니와 한편 시인의 몸에서 기생한 시적 일체의 현상들을 살아 있는 생물로 비유했다. 숙주의 주객을 나누어 따로 셈할 필요가 없을 듯도 하다. 아름다운 공작새가 그 DNA를 유전 받은 알을 품듯 시는 말하자면 그의 제2의 분신 이랄 수도 있기 때문이다. '시를 찾아 삼만 리'라는 말로 그의 시에 대한 집념도 간접 표현해 본다. 그는 교육자로, 시낭송가로 한 시절을 풍미하면서도 시에 대한 본격 학습은 근자의 일이다. 그러나 시가 누려지는 분위기, 그런 행사장, 문학강의장 등등은 자주 문고리를 잡아당겼다. 어렴풋이 시의 체제나 체질에 익숙해질 무렵 그는 빠르게 일취월장하는 진전을 보였다.

다음으로 화제를 바꿔 본다. 그가 그의 시에 형상해내는 공감각적인 테크닉에 대해 언급하고자한다. 신남춘 시인의 시에서 공감각적 기교는 타의 추종을 불허할 만큼 성공을 거두고 있다. 시가 사상 감정을 얼마나 박진迫眞하게 잘 나타내느냐에 따라 그 문학성이 높게 저울질된다기 보다는, 오히려 공감각적인 기교의 빼어남으로 그 우수성이 드러남을 우리는 항시 목도해왔다. 이는 절묘한 상징화에 다름이 아니기 때문이다. 한 가지 감각을 다른 종류의 감각으로 지각하여 마치 색이 소리의 속성을, 향기가 색의 속성을 지닌 듯이 기술한다. 몇 개의 명시 중에서 이에 적합한 예를 찾아본다. 박남수의 「아침 · 이미지」에서 "금으로 타는 태양의 즐거운 울림" 「일리아드」에서 "늙은 트로이인의 목소리는 매미들의 백합 같은 소리" 김광균의 「외인촌」에서 "분수처럼 흩어지는 푸른 종소리"등이 그러하다. '침묵'을 두고도 시인들은 서로 다른 공감각적 표현을 썼다. 침묵이 랭보에게는 "향기롭고" 핀다르에게는 "검고" 맥퍼슨에게는 "푸르고" 와일드에게는 "은銀"이며 다눈치오에게는 "파랗고" 시드웰에게는 "싸늘하고" 루이 아라공에게는 "초록색 물"이다. 침묵의 냄새도 사르트르에게는 "제비꽃 향기"이고 김광균에게는 "푸른 냄새"이고 김춘수에게는 "연두빛 바람 냄새"였다.

신남춘의 시에서 얼핏 찾아낸 몇 개의 절묘한 표현법을 찾아보자 "체온을 웅크리고" "인생을 닦는다" "가을이 익는다" "순백의 고독" "하얀 언어들" "눈부신 온기" "하얀 마음" "몸에 젖는 시간" "침묵에 눌린 적막" "삭아가는 하루" "물기 부푼 귀뚜라미 울음" 등 수많은 절창을 만날 수 있다. 이제 무작위로 몇 편을 골라 깊이 음미해 보고자 한다.

아파트 한 곳에
헌 옷 수거함이 서 있다
그 수거함 위로 큼직한 이불이
아직 체온을 웅크리고 있다
겉은 붉은 장미꽃 무늬
버려져야 할 운명의 꽃이었던가

어느 지어미가
소박을 맞았나, 문밖 어둠에
볼을 비벼댄다
꾸역꾸역 일어나는 비단결 추억
이리도 이지러져
보푸라기 인생이 되었는가

버려진 행장
어느 낯선 이역을 꿈꾼다

아파트 몇 층이고
열린 문은 하나도 없다

고양이 울음이
시커멓게 밤눈으로 스쳐가고
절대로 절대로 홀로임을
부시시 느껴지는
아, 섬뜩한 운명

—「버려진 이불」의 전문

버려진 이불은 버려진 인간을 상징한다. 또는 배신당한 여인에 은유된다. 인간 세상에는 무한한 배신과 불의와 반인륜적 상황들이 널려 있다. 내내 부림당한 노동자가 이유 없이 퇴출당하는 꼴에 다름 아니다. 장미꽃이 수놓아 진 이불 한 채는, 그 화려했던 생애의 반전으로, 철저히 이용당하고 내쫓기는 배반의 행장을 맞는다. 내쫓긴 자에게는 어김없이 어둠과 공포가 엄습한다. 불길한 징조의 '고양이 검은 눈길'이 등장한다. 불길한 운명, 예측 불허의 암담한 미래가 배척당한 자에게 칠칠암야의 어둠으로 끼친다. 이 시는 알레고리(allegory)적 수법으로 풍유諷諭적 사념이 깊다. 말하자면 세태 풍자인 셈이다. 아파트 문들은 모두 닫혀 있고 인간의 따뜻한 눈길을 차단하는 커튼이 내려져 있다. 비단결 추억, 아직 남아있는 체온은 과거에 대한 잔상이다. 버려진 어린이들을 외국으로 입양시키는 냉혈 인간들의 처사, 바로 우리 자신들에 대한 경종 같은 의미도 내포한다. 우리는 우리에게 서로 섬뜩한 존재들인가?

맑은 날 아침 가게 문을 열고
유리창을 닦는 여인을 본다
자기 인생을 빛나게 닦는다
뒷모습이 아름답다

닦아도닦아도 지워지지 않는
유리창에 비친 여러 가지 허상들을
닦으며 자신은 스스로 아름다워진다

의심과 배신을 물리치면

맑은 물기로 촉촉하게 떠오르는 영상
깨끗한 유리창에 끼어든 하늘도
흰 구름을 동동 나르고 있다

유리창은 가게 안 물상들의
오손 도손 이야기도 들여다 본다
여인이 꿈꾸는 세상이 확 트인다

여인은 유리창을 다 닦고
자신의 가슴 속 칙칙한
어둠도 비워 낸다
마침내 온 세상이 밝은 아침이다

—「유리창 닦는 여인」의 전문

장자크 루소는 한 귀족부인의 질문을 받는다. 날마다 쓸쓸하고 우울하고 권태롭다는 일상을 고백하며 여기에서 탈출하는 방법을 물었던 것이다. 루소는 대답하기를 "먼저 당신의 반짇고리를 들여다보시오. 헝클어진 실타래가 있거든 이를 가지런히 잘 감아놓고, 모든 길쌈도구를 바르게 정돈한 후에 당신의 경대 앞에 나아가 거울을 맑고 깨끗하게 닦으시오. 그런 작업 후에도 우울과 권태가 아직 남아 있는가를 스스로 뒤돌아보시오." 우문에 우답 같은 대화이지만 후세에 알려진 유명한 회화 한 토막을 비슷하게 소개해 보았다. 유리창을 닦는 다는 것은 폐쇄의 가로막을 걷어 내는 일이다. 전망을 환히 볼 수 있음은 다른 세계로의 진입을 의미한다. 자신의 앞을 맑고 투명하게 하는 행위는 결국 자신을 명징하게 하며 심연을 청정하게 하는 정화요 승화행위인 것이다. 한 걸음 더 나아가 자기 인생을 맑게 닦는다고 했다. 이는 매우 철학적인 심오한 의미를 내포한다. 의심과 배신을 물리치면 밝은 하늘과 흰 구름이 가슴으로 다가온다고도 했다. 시가 쉽게 착상된 것 같지만 사실은 의미심장한 시적 체계 갖춤이 빼어나다. 나를 가리고 있던 허상들, 번뇌나 회의를 분쇄하고 나면 아기자기한 가사家事의 일상으로 회귀한다는 시로서 그 정서가 매우 밝고 온건하다.

저 멀리 서 있는 것을
이제는 잘 보질 못 한다
눈을 감고 뜨고 몇 번 해야
어렴풋이 보이는 형상

안경 탓이 아니야
살아온 인생이 어둑해 졌어
이승의 굽이굽이가 험난했던 거야
내가 나에게 가물거릴 때
세상은 온통 뿌연 안개 속

본다는 것은
내가 그에게 다가 간다는 뜻
안경을 바꾸듯
내 안의 망막을 바꿔 끼자

그리하여

멀리 있는 그대들이
내 이웃으로 다가와
코끝에 시큰하게 서리거나
맺혀 오도록

—「안경」의 전문

이 시는 「유리창 닦는 여인」과 정서나 의미가 매우 흡사하다. 유리창 닦기나 안경 닦기 행위가 결국 시야에 펼쳐진 만상을 잘 볼 수 있도록 '흐림을 맑게 하는' 행위이기 때문이다. 여기서 '잘 본다'는 의미는 자신의 몽매함에서 밝게 깨달음 상황으로의 호전을 의미한다. 뉘우침이거나 새 전기로의 반전 또는 인화人和의 간절한 바람 등등을 내포한다. 인생의 변곡점에서 노안으로 흐려진 물상을 다시 새롭게 맞이하려는 다짐과 소망이 깃든다. 소협小峽의 자아를 털고 대아大我로 나아가려는 자기 성찰의 결의도 숨겨져 있다.

해묵은 나무에 가을이 익는다
주렁주렁 매달린 가지마다
전라도 인심과 사투리 몇 낱 거느리고
호남의 초원 위에 자랑스러운 감나무

노란 감꽃 가득 피었을 적
밤새 흔들어댄 바람으로
떨어진 꽃 줍던 어릴 적 친구들
그 오랜 추억이 아슴아슴 매달리고

가을 햇살 한 움큼 씩 채워
수백 개의 작은 우주덩이로
바람에 휘청거리며
발간 얼굴 윤기마저 자르르하다

찬 서리 내리고 나면
제 맛을 품는다는 지난 날
어머니 말씀이 떠올라
기다린다, 서리 내릴 그 날을

—「감」의 전문

이 시는 향토색 짙은 한국적 정서가 배경을 이룬다. 한 그루의 감나무는 어릴 적 추억의 매개물이다. 감나무 자체가 전라도 인심이며 풍토이며 향토적 문화의 상징물이다. 그 의연함, 곧은 성정, 시련을 딛고 선 우뚝한 절기 등 이 모두가 전라도인의 기상이다. 봄부터 가을까지 뿌리고 가꾸어 수확하기까지 농촌의 생활이 은유된다. 감나무는 빨간 홍시를 매달며 엄혹한 시절을 견뎌낸 후의 뿌듯한 성취에 이른다. 감은 우주의 섭리까지 끼쳐진 인문학적 형이상학의 결정체 結晶體에 다름 아니다. 감이 익는다는 것은 따뜻한 가족애의 형상화를 뜻한다.

함박눈 쏟아져
온 천지가 하얗게 덮인 마을
우리는 절대로 이별했던 건 아니야

갓 구운 고구마를 서로 나눠 먹던
사랑의 기억, 하염없이 눈은 내렸다

서로 손 잡고 함께 거닐었던 길
어떤 차가운 운명도 막아줄 줄 알았다
밤이 새도록 뚜벅 뚜벅 거닐며 흘린 말
긴 긴 세월에 씻겨 망가져 버린 채
냉기 감도는 분노 도사리고 있다

아, 그리움이 몇 철 쌓이다 보면
이리도 하늘이 와락 무너져
내 발치에 순백으로 몰려드는 가
사랑이란 차가운 게 아니야
차가움을 녹여 주는 것이야, 온화함으로

새 하얗게 눈부신 온기
의심의 그늘을 덮어버리고
하얀 세상 하얀 마음 그 위로
펑펑 쏟아 붓는 사랑의 기억들
고요한, 고요한 함성소리

—「겨울 사랑」의 전문

눈이 펑펑 쏟아지는 거리에서 오히려 따뜻한 사랑을 발상하는 역설이 흥미롭다. 사랑이 눈으로 형상되는 패러독스가 시적 결기를 북돋운다. 아무래도 흰 눈 속 냉기보다는 솜처럼 포근한, 그리고 무한량으로 퍼붓는 형모로 연유해서 사랑의 깊이가 심대해짐을 표현하고 있다. 차고 따뜻함의 체감은 결국 마음먹기에 따른다. '눈은 차다'는 선입감을 떨치고 시적 자아는 눈 오는 아름다운 정경에 그 포커스를 맞추고 있다. 눈 오는 날 사람들은 아무도 우수에 잠기지 않는다. 엄혹한 시대적 상황을 떠 올리기보다는 아련한 옛 추억에 빠지고 만다. 하물며 정감의 도여가 특별한 감수성 깊은 시인에게서는 도란도란 사랑의 붉은 언어를 기약할 수밖에 없을 듯하다.

느티나무 가지가 뻗어간 쪽으로
길 하나 틔었다
사람들은 웅성거리며 날마다
그 길을 따라 나갔다

나무는 자꾸 눈짐작으로
어제만큼 오늘도 길을 냈다
나무가 건너다보는 황야에는
어느덧 하늘의 계시록처럼
바람이 일었다
나무가 제 몸 일제히 팔랑거리며
구름결로 솟아, 스스로 길이 될 때
바람도 아슴아슴 꼬부라지는 길을 냈다

가로수는 연이어
길의 너비로 똑같은
간격을 전달하며 한 가닥
가슴 벌려 길을 냈다

그때 느티나무는 스스로 바람이 되어
함성까지 전달한 것이다

길에 이정표를 세우는 것은
어리석은 일이다
길은 표식 없이도
영원을 향하여 나가기 때문이다

한 세월 못되게 산 것에 대하여
힘들고 어렵게 산 것에 대하여
그 기억 잡았다 놓았다 하며
느티나무는 온 종일 팔랑거리며
바람의 길을 내는 것이다

—「바람의 길」의 전문

이 시에서 바람과 느티나무의 상관성에 주의해야 할 것 같다. 나무가 길을 암시하면 바람은 그 예감을 좇아 길을 낸다. 가령 큰 산맥이 가로 놓인다면 바람의 행로는 이 산맥을 거슬릴 수 없을 것이다. 나무 때문에 바람은 그의 운명을 변조한다. 그러니까 나무는 바람에게 선구자요 예언자 같은 사명을 띤다. 정지되어 있는 물상을 움직이는 존재로 표현하고 유랑에 유랑을 거듭하는 존재인 바람을 종속변인으로 설치한 시인의 구조주의 발상이 탁월하며 고도의 아이러니를 품는다. 사실은 바람과 나무는 한 상관속으로 묶이는 공동 운명체이다. 바람이 나무를 나부끼게 하고 팔랑거리게 하며 나무의 실존성을 부여한다. 나무가 길을 내고 바람이 그 운명성을 수용하며 추종하고 있다. 바람은 사실 흔적 없음의 무형물이다. 나무가 바람의 존재를 증거 해 주는 꼴이다.

나무가 바람을 옷깃처럼 여미며 파란만장을 건너감은 숙명을 좇는 인간의 생애에 관련한 고도의 비유이다. 인간이 길을 내면서도 그 길의 의미에 대해 깊이 헤아리지 못하는 무지가 엿보인다. 그러나 인생의 길은 매우 경건하고, 자연의 순리를 따르는 이법理法을 좇는다.

수사법상 테크닉이 단조롭다. 쉽게 물 흐르듯 시맥이 흐르고 있어서 정서도 우아하다. 오히려 시의 성취도가 매우 높다. 한편 시 전편에 걸친 의인화가 매우 돋보인다.

지구를 몇 바퀴나 돌아 나온
계절의 머릿결, 그 순백의 고독
햇살은 오월을 그윽이 젖고

가슴에 가득히 쌓아온 그리움
온 천지에 향기로 터질 줄이야
꽃잎 물던 소녀의 추억 속에 섰네

몇 번이나 다녀갔을까
내 가슴을 박차고 나간 그리움의 바람
몇 철이나 그 언덕을 넘었을까

깔깔거리다가 눈물이 되어 버린
하얀 언어들
말갛게 익던 사랑도 저물고

떠나간 것들
어디 붉은 노을뿐이랴
임이랑, 가물가물 찔레꽃 향기

—「찔레꽃」의 전문

찔레꽃은 그리움의 형상화 물상이다. 임은 떠나고 임의 잔상이 홀연히 오월의 청라언덕에 지피는 것이다. 그리움→찔레꽃[형상]→향기[무형의 여운]으로 이어지는 형상화 과정이 공감각적 형용을 취한다. 사랑이 이별의 슬픔이 되고 아이러니하게 그 슬픔은 깔깔 웃음으로 변이를 거쳐 한 계절을 넘치는 향기로 전환되는 것이니 기교가 빼어나다. 찬란한 슬픔의 봄'을 연상 시킨다.

"깔깔거리다가 눈물이 되어버린
하얀 언어들
말갛게 익던 사랑도 저물고"

찔레꽃의 다의적多義的 이미지가 시의 품격을 사뭇 높이고 있다.

작은 개울물로 출발하여
크고 넓은 대하로 나아가
작은 울음이 큰 울음 되는 것

강변의 수런거리는 풀꽃들
목울음까지 눈 맞춤하다가

물비늘 잔잔히 울고 가는 것

높은 하늘, 망망한 바다를
기웃거리며 우리는 얼마나
흔적 없이 잦아들었던 가

영원의 밤하늘
굽이굽이 흐르는 반딧불처럼
우리는 찰나를 곡선으로 스치는 운명

그러하니
왈칵 사랑의 눈물이나 쏟을 수밖에
왈칵왈칵 그리움이나 쌓았다가
계절이 저무는 어느 날에
우리도 그리움 함께 타는
노을이나 될 꺼나

저물어 하루의 난간에서
한 조각 침묵으로 삭으리니

—「인생은」의 전문

강의 흐름에 인생의 흐름을 의탁했다. 강이 한 생애 흐르는 동안 수많은 변이와 변전을 겪는다. 희로애락은 물론이고 흥망성쇠까지 무한한 파란을 겪는다. 굽이굽이 사무치는 중에도 강변을 눈부시게 하는 기화요초도 만나고, 하늘과 구름과 은하수까지 강물에 첨벙첨벙

뛰어들어, 강의 서사는 풍부한 사유를 거느린다. 역시 이 시에서도 의인법 활유법이 탁월하다. 고대의 시인들은 자연에게서 신의 말씀을 듣자고 했거니와 이 시에서는 자연에게서 인격을 독해해 내고 있다. 시의 주제를 크게 강조하지 말라는 시인들에게 내려오는 유습이 있긴 하지만 있는 듯 없는 듯하면서도 의미의 형상화가 감동적이다. 시적 체질이 잘 다듬어져 있는 시이다.

덜커덩 창문이 마구 흔들리기 시작을 하고
뿌연 유리창 밖에는 나무마저 휘청 거렸다
지나간 세월의 아픔과 고통으로 인하여
쌓이고 쌓인 걱정거리가 한꺼번에 쏟아지듯
바람은 자연을 흔들고 나는 머리가 아팠다

하루아침 날에도 무수히 쏟아지는 정보들
무엇을 따라야 할지 솔깃하면 흔들리고
긍정과 부정이 오락가락 갈피를 못 잡는
나약한 인생의 길을 누군가 흔들고 있어
넘어지지 않으려면 심지가 곧아야만 했다

가까이 있으면 흠결 하나쯤 보기 쉽지만
멀리 있으면 전하지 않으면 알 수도 없어
그래서 때로는 멀리 있고 싶어 하는 것을
봄 여름 가을 그리고 겨울을 지나치면서
무수히 흔들리는 것 그것이 인생 이란다

—「흔들리는 것, 인생이란다」의 전문

흔들리는 것이 나무이듯이 마찬가지로 인생도 흔들리는 것이라고 정의하고 있다. 가벼운 단상인 셈이다. 조금은 신념 없음을 만사에 회의하고 있음을 고백한다. 높은 신념으로 높게 솟은 나무일수록 많이 흔들리는 것이 정한 이치이다. 흔들리지 않으면 부러져서 곧은 이념을 아예 세울 수가 없는 것이다.

이 시에서는 결국 사람 사는 법도를 풀어내고 있다. 가만히 자기 성찰의 전기를 구한다. 회의의 밤이 지나야 굳은 결의의 새벽이 온다고 했다. 노자의 주장에 '곡曲은 진眞이다'라는 말이 있다. '굽는다'는 것이 천지 운행의 이치인 동시에 이는 또한 생성의 화기和氣를 품는다. 직直은 조화와 원융을 뿌리친다. 흔들림은 굽는 것을 의미한다. 더욱 강성으로 나아가기 위한 순간 변환인 것이다.

뿌리를 백두대간에 두고
살아온 천년의 세월
쪽빛 동해 바다를 품어
뒤틀림 없는 올곧음

드높은 하늘을 우러러
가슴 아프게 목매이던
오랜 아픔의 시련들
가슴 깊이 옹이로 담아

아버지 그림자처럼
늘 든든한 기상
철따라 솔잎 스치는 네 노래

지금, 내 영혼을 흔든다

언제 보아도 보아도
숲속의 당당한 영웅
그래, 사나 죽으나
영원하리. 그대 금강송은

금강산이 내려와
울울울 여기에 섰구나

—「금강송」의 전문

소나무를 설정하여 민족 고유의 혼을 피력하고 있다. 민족정기가 나부낀다. 사실 소나무는 우리민족을 상징한다. 세한삼우歲寒三友를 송죽매松竹梅라 일컬으며 우리 조상들 선비의 절의를 표상 했던 바, 그 중에 소나무를 으뜸으로 삼았다. 사철 푸르고 천 년 기상을 변절하지 않으므로 우리는 소나무를 우러르고 받들었던 것이다. 조선 반도에 조선 솔이 모두 번져서 산맥 산맥이 푸르게 흐르고 있음은 기적 같은 현상이다.

금강산은 우리 민족에게 보배로운 영산이다. 산이 북녘에 있으되 시인은 우리의 뜨락에 있는 양 그려내고 있다. 어느 학교 교가 가사에 '금강과 백두와 한라와 지리…'라고 읊는 경우를 보았다. 금강송 줄기에 (송피에)더덕거리는 기기괴괴한 예술적 형상은 저 백두의 바위와 금강의 솔과 지리의 물결과 한라의 하늘까지 어른거리는 영상으로 상기되고 있다. 금강송은 홀로 소나무가 아니라 우리 민족혼을 울렁거리게 하는 아우라를 여민다.

신남춘 시인의 시는 인생문제를 접응하려는 경향이 강한 동시에 우리 민족 고유의 정한을 포용한다. 그러므로 서정성이 강하게 유로流路된다. 시인의 심상은 맑고 깨끗하며 건강하다. 열심히 인생을 경작하고, 인문학적 영역을 고루 탐색하면서 자신을 아름다운 화초로 가꾸려 한다. 흔들리며 가끔 유랑의 길에 오르는 나그네의 삶이 언뜻언뜻 뜨인다. 그는 아름답게 시의 밭을 일구고 가꿔 갈 것이다.

신남춘 제2시집

비 오는 날의 초상

인쇄 2018년 9월 1일
발행 2018년 9월 5일

지은이 신남춘
발행인 서정환
펴낸곳 신아출판사
주소 전북 전주시 완산구 공북 1길 16(태평동 251-30)
전화 (063) 275-4000 · 0484 · 6374
팩스 (063) 274-3131
이메일 shina2347@naver.com sina321@hanmail.net
출판등록 제465-1984-000004호
인쇄 · 제본 신아출판사

ISBN 979-11-5605-554-9 03810
값 9,000원

이 도서의 국립중앙도서관 출판예정도서목록(CIP)은 서지정보유통지원시스템 홈페이지(http://seoji.nl.go.kr)와 국가자료공동목록시스템(http://www.nl.go.kr/kolisnet)에서 이용하실 수 있습니다.(CIP제어번호: CIP2018026718)

Printed in KOREA